NO

LOW BATT

Dans la même collection
NO fat
dominique thibaud - stanislas mercier

NO more stress
delphine barbier sainte-marie - alain bouldouyre

et des mêmes auteurs
NO smoking

Conception et réalisation : GRAPH'M/Nord Compo, France

ISBN : 2-7528- 0130- 0
Code éditeur : T00130

Dépôt légal : avril 2005
Imprimé à Singapour par Tien Wah Press

www.fitwaypublishing.com

Fitway Publishing
12, avenue d'Italie – 75627 Paris cedex 13, France

NO
LOW BATT

pierre doncieux
illustrations
jean-pierre cagnat

fitway.
publishing

No low batt

SOMM

AIRE

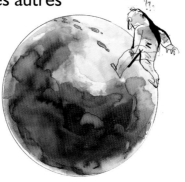

Up, down, haut, bas. Montagnes russes. Météo bonne, puis mauvaise. Temps orageux. Éclaircies. Bien luné. Mal luné. Ça va. Ça va pas. Bonne voix. Mauvaise voix. Les images sont multiples pour décrire notre état. Celui de notre tête. C'est comment là-haut ? Tempête sous un crâne ? Elle peut être énorme sans que personne n'y voie rien. Ce peut être une maladie à soigner avec de vrais médicaments prescrits par de vrais médecins. Ou (presque) rien.

Une mauvaise pensée passagère,
récurrente parfois récalcitrante.
Dont on s'accommode par faiblesse
ou méconnaissance de soi. Des idées
noires idiotes qui nous envahissent.
On peut par exemple se lancer des défis
qui n'en sont pas et déboucher sur de
l'auto-flagellation inutile, comme quand
on était petit – Si je ne chope pas le feu
vert, elle sortira pas avec moi ; et le feu
passe immédiatement au rouge. Cafard
noir assuré pour l'après-midi.
Une multitude de situations de la vie
quotidienne peuvent générer des
nuages plus ou moins gros, réels. Mais
toujours encombrants pour celui qui
est dessous. Ou dedans. Il n'y a que
cela qui compte. En sortir. Changer.
Ne plus subir ou au moins faire comme
on veut. Décider. Mener. Objectif : être
bien. *NO low batt* n'est pas un ouvrage
de recettes. Il ne contient pas d'élixir
miracle. Il n'a pas été importé d'Inde.
Ni conçu par un illuminé sous acide.
Encore moins par un druide. C'est une
accumulation de situations de la vie
quotidienne de toutes sortes d'hommes
(jeunes et moins jeunes), vues avec un
œil résolument **positif**.

moi
et moi

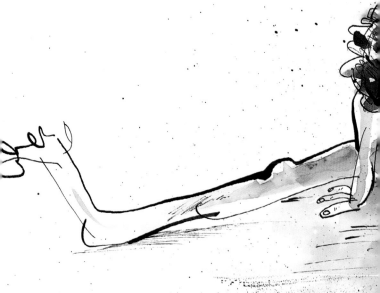

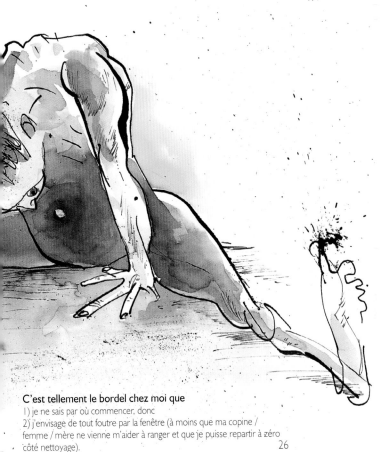

C'est tellement le bordel chez moi que
1) je ne sais par où commencer, donc
2) j'envisage de tout foutre par la fenêtre (à moins que ma copine /
femme / mère ne vienne m'aider à ranger et que je puisse repartir à zéro
côté nettoyage).

Mon cholestérol m'emmerde : pas de fromage
ni de charcuterie.

Clope : je reprends pour la troisième fois
(j'avais pourtant réussi à m'arrêter trois ans).

Mon coiffeur m'a raté.

Plus ça va, plus j'aime ce petit pétard le matin
avant les cours. Faut que ça change.

Je ne sais pas résister au stress.

Plus d'ongles. Pas faim. Ni soif. Sauf du café.
Ou de l'alcool. L'impression d'avoir une
chape de plomb sur le dos. Courbatures.
Sentiment d'habiter dans une station
de métro. La montagne à gravir semble
insurmontable. La mission, désolé, est
impossible. Les réponses toutes faites
avant même que la question ne soit posée.
Pas le temps. Pas envie. Battu d'entrée.
Oppression totale. Agression permanente.
Ça commence dès le lit, au petit matin.
Réveil. Passage en revue de la journée. Les
pros de la sophrologie disent : « visualiser ».
Bonjour, tristesse. Je ne sais pas « voir » une
belle journée. C'est un tunnel : un train fou
qui fonce on ne sait où. Dans le noir. Je ne
sais fabriquer que de la tension. Démarrage

moi et moi

du stress. Qui sera là jusqu'au crépuscule.
Jusqu'au coucher, au mieux. Une bonne
petite insomnie viendra, au pire, remuer le
couteau dans la plaie béante. Fatigue.
Sur-stress. Non, pas envie de sortir. Non
merci, pas de dîner en semaine. Trop de
boulot. Trop de je ne sais quoi. Je ne sais
plus. Voyez ma secrétaire. Baiser ? Une
p'tite pipe, à la limite. J'aurais peur de ne
pas être comme il faut. Plutôt boire. Besoin
de m'assommer. Marre de ce cercle vicieux.
Objectif : sortir par le haut. Commencer
par en parler : un pote, un collègue de
bureau, un médecin, un pharmacien, ma
copine (j'en ai pas…). Ne pas se laisser
gagner par ce machin. Apprendre à dire
non. Non.

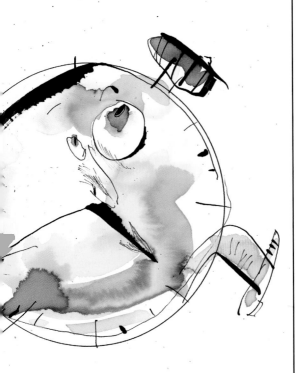

moi et moi

Et une pilule, une. Quand arriverai-je à me passer de mes antidépresseurs ?

Je ne voudrais surtout pas être à court, alors je stocke. Pilules à gogo, partout : maison, bureau, bagnole. J'envisage de faire fabriquer un collier spécial pour mon chien. Je ne peux pas m'en passer. Je ne sais plus. L'antidépresseur, c'est pire que l'alcool, la clope ou la dope. Dépendance totale. Il m'apaise. Je n'y prends pourtant aucun plaisir, contrairement à une cigarette, un verre de vin ou un rail de coke.

moi et moi

Je déconne. Ja-mais. Mais paraît que les phénomènes de dépendance se ressemblent.

Les gros accros aux pilules devraient faire comme les grands drogués : s'enfermer dans une maison isolée le temps de se sevrer. Même les plus accros à l'héro y parviennent. Deux semaines, trois, plus ? No problème.

C'est à notre portée.

Si on le veut.

On le vaut, en tout cas. Tout dans la tronche. Démarrage demain.

moi et moi

moi et moi

Marre de toujours tout voir en noir le matin sous la douche.

Hiver comme été. Le week-end comme en semaine. Quel que soit le temps. Quel que soit l'emploi du temps. Quelle qu'ait été la nuit. Quelle que soit la nature de la pensée du matin, elle sera mauvaise. Noire. Triste. Démoralisante. Le processus se déclenche au moment précis où le rasoir laisse place au pommeau de douche. Ouvrir le robinet. La mauvaise pensée monte pendant que l'eau chauffe. Avec un cumulus de volume moyen, compter une minute en été, le double en hiver. La radio crache les nouvelles du jour. Ne pas oublier de monter le son pour que le bruit de la flotte ne couvre pas le crin-crin de la radio ('toute façon, 'racontent tous la même chose). Radio à bloc, donc.

Ensuite, ça peut varier. Tout est bon. Enfin, mauvais. Noir.

Passage en revue de la journée. Mise en perspective des questions qui vont

nécessairement surgir à chaque rendez-
vous. Chacun d'eux est un nid à problèmes.
Pourquoi ? On ne sait pas.
On aimerait beaucoup savoir. Pas possible.
Incontrôlable. La pression monte chaque
fois qu'un nouveau visage surgit.
Un ennemi. Je vais péter un plomb sous
la douche seul. Faire les questions et les
réponses.
Me prendre pour une victime.
Seuls les paranos survivent, paraît-il.
Positiver ? Je vais peut-être arrêter de me
laver le matin.

moi et moi

Cinq kilos à perdre mais je n'y arriverai jamais.

Cinq cents grammes. Super. J'ai perdu cinq cents grammes en une semaine en me privant de tout ou presque. Pain, charcuterie, frites, pâtes, croissant le matin. Tout sauf le pinard. J'ai fait gaffe à chaque repas. Forcé sur la salade. J'ai marché plus que d'habitude. Et je n'ai perdu que cinq cents grammes. J'ai dix fois plus à perdre. Ordre du médecin, de ma femme, des enfants. Je n'ai pas de maîtresse. Elle me l'aurait certainement ordonné, elle aussi. Je veux fondre. Ressembler à Tom Cruise ou Beckham. Au choix. Avoir le bide en tablettes de chocolat. Je veux être longiligne, filiforme, musclé. Je m'assoirais, contracterais mes abdos, saisirais le bourrelet et n'y arriverais même pas tant il serait petit, le bourrelet. Rêve. Aujourd'hui, il fait dix centimètres. Je suis mal foutu. Inutile de s'entêter. Jamais je n'entrerais dans un 501 taillé 32. Même pas un 33. Je suis abonné aux 35.

moi et moi

No low batt

C'est dégueulasse. Les mecs ne sont pas égaux devant la bouffe.
Mon pote Alexandre peut s'enfiler hamburgers, verres de pinard, cookies et pop-corn, pas de problème. Il reste svelte. Pas moi.
Il faut que j'arrive à transformer cet objectif en non-événement. Je dois arriver à changer mes habitudes alimentaires. À aimer ce qui est bon pour mon cul.
Qu'il reste comme je l'aime.

moi et moi

Demain, j'arrête de me raconter des histoires : je fais ce que je dis (en tout cas, j'essaie vraiment).

Que la gueule. Je n'ai que la gueule. Je dis des choses. Mais je ne fais rien. Je parle, c'est tout. Je promets que je vais faire ceci ou cela. Je dis que je vais aller ici et là. Que je pourrais être comme ci ou comme ça, vu que j'ai déclaré, il y a maintenant longtemps, que j'agirais ainsi. Comment ? Je ne sais plus. Je suis un peu perdu. Parfois noyé. Je surnage en profitant de la gentillesse ou de la faiblesse des autres. Mon entourage au boulot. Chez moi. Partout, même dans le métro. Je suis si peu capable de faire ce que je dis que je n'arrive même plus à faire ce que je pense. Je songe, par exemple, que je vais ouvrir la porte de la rame et laisser cette jolie jeune fille sortir devant moi...
Et non. J'ouvre, je sors, je marche sans me retourner. Ni même la regarder. Connard. Je m'oublie. Je la précède sans penser à la

moi et moi

laisser me devancer. Je me sens tellement seul que j'imagine que personne ne peut me voir. Je ne capte rien. Ni un regard ni une attention.

Du coup, je ne suis pas pressé. Aucune urgence sauf celle d'en finir avec cette procrastination d'enfer.

Remède (y a du boulot, là) : si l'un de vos proches ou vous-même êtes confronté à ce type de réflexion ou raisonnez de la sorte, consultez ou parlez-en.

moi et moi

Un dernier verre. Juré. Demain, pas d'alcool. Je fais un break (enfin, j'essaie).

Comme j'ai bu à midi, j'en prends un petit ce soir. Au déjeuner, je n'avais pas le choix : j'étais avec un client. Je m'étais pourtant juré de ne pas boire, mais il a tenu à prendre un p'tit verre, puis on a craqué sur un léoville-las-cases proposé à prix d'ami. Formidable. Et ce soir, je me ressers un verre chez moi. Perdue pour perdue, la promesse je ne la tiendrai qu'à partir de demain.

Et je sais que, demain, je trouverai sans doute une bonne raison pour remettre au surlendemain. À commencer par cette

moi et moi

bouteille, là, entamée hier et qu'il faut bien finir. Je vous rassure, je ne bois pas beaucoup. Trois à quatre verres tout au plus chaque jour. Mais c'est tous les jours. N'arrivant pas à m'en dépêtrer, je me suis demandé si j'étais alcoolique. C'est vrai. Quelqu'un m'a dit que les alcooliques ne sont pas forcément torchés du matin au soir. Ils sont juste accros à leurs quelques verres de pinard quotidiens. Bon, c'est mon cas. J'aimerais bien me dire que je maîtrise la situation, mais ce n'est pas vrai.

Si, rentrant chez moi après une bonne journée de boulot, je me souviens que je n'ai pas de coup de rouge pour le dîner, je m'arrête dans un magasin pour en acheter. C'est comme ça !

Le rouge est dans ma *check-list* du soir. Le travail pour changer ne se fera pas en deux jours. Mais ai-je besoin d'évoluer ? Positivons. Juste me prouver que je fais ce que je veux avec ça. Je ne suis pas alcoolo, car ces quelques verres n'altèrent en rien mes capacités physiques ou intellectuelles, ce qui, je crois, est tout de même le cas des vrais alcooliques.

La médecine reconnaît au vin rouge consommé en quantité raisonnable des vertus appréciables.

Je suis en bonne santé. Je continue.

moi et moi

Toujours à la bourre, du matin au soir, douze mois sur douze.

J'ai jamais le temps de rien. Boire un café le matin en lisant un journal. Déjeuner avec les collègues. Boire un verre en sortant du bureau. Dragouiller à la machine à café. Aller au cinéma en début de soirée. Rien. Toujours à la bourre, sur la corde raide. Tellement ailleurs que je suis capable de partir à pied pour l'école avec mes enfants et de les oublier en route (si, si).

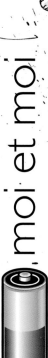

moi et moi

No low batt

On les a retrouvés. Raison ? Je ne sais pas
dire non ET je suis organisé comme un
manche. J'ai vu que des *coaches* apprennent
à gérer son temps, son planning, ses
relations de travail, son patron, tout sauf
sa femme et ses enfants (dommage).
Je suis tellement bordélique que je passe
mes soirées au boulot mais, en même
temps, c'est tout bénef' pour la boîte ;
les contrats rentrent.
Résultat ? Je vais demander à mon boss de
me payer un *coach* pour mieux m'organiser.
Et s'il refuse, je le quitte.

moi et moi

C'est tellement le bordel chez moi que

1) je ne sais par où commencer, donc
2) j'envisage de tout foutre par la fenêtre (à moins que ma copine/femme/mère ne vienne m'aider à ranger et que je puisse repartir à zéro côté nettoyage).

C'est surtout l'odeur qui dérange. Le bordel, je m'y suis habitué. Mais la vaisselle plus le linge plus le frigo plus les poubelles plus le reste, je commence, c'est vrai, à ne plus supporter mon appart'. Ma copine me reproche de laisser la baignoire entartrée. Elle n'a (heureusement) pas remarqué que c'est de la crasse. Elle trouve que ça sent. Elle n'a pas tort. Ignoble puanteur. Évier bouché. Vaisselle entassée. Séchée.

moi et moi

Désormais lyophilisée. Bientôt fossilisée.
Faire bouillir de l'eau par ici relève de
l'exploit. Il a fallu acheter une bouilloire et
la brancher « en chambre ». La cuisinière
logiquement installée en cuisine ne peut en
effet plus rien pour nous. Feux condamnés
par la graisse. Four encombré de plats
pas finis encore en décomposition. Je
rêve parfois qu'une société de nettoyage
débarquerait un jour chez moi.
Les employés ouvriraient de grands sacs-
poubelle et jetteraient assiettes, verres,
couverts et autres ustensiles rendus
immondes. Puis ils laveraient les sols, les
murs, le plafond, tout. Une odeur de Javel
planerait dans la maison. Je prendrais une
douche, m'emmitouflerais dans un drap
de bain avant de me glisser dans des draps
doux, frais et évidemment propres.
Ce n'est qu'un mauvais rêve. Mon appart'
n'est heureusement pas dans cet état mais
je vais quand même faire gaffe à ne pas
dépasser les bornes.

moi et moi

Mon cholestérol m'emmerde : pas de fromage ni de charcuterie.

Il existe un régime alimentaire efficace qui prône l'exact inverse de ce que vient de me dire mon médecin. Le « Montignac » (c'est le régime) dit que, pour perdre du poids, il est recommandé pendant un temps de ne manger que ce que le corps médical vient de m'interdire pour un bon bout de temps. J'en parle parce que j'en rêve. Fromage et charcuterie étaient les deux piliers de mon alimentation.

Plus le vin.

Plus le sucre.

Paraît que je ne vivrai pas très longtemps si je continue ainsi.

Tout cela doit redescendre à des taux normatifs.

Je me sens pourtant très bien. C'est insupportable de s'imposer une discipline lorsqu'on n'a pas la conviction de son utilité. Je me sens bien et pourtant il faut se serrer la ceinture. Renoncer à des plaisirs quotidiens.

moi et moi

Positiver ? Quand ce sera fini, je ferai ce régime. En attendant, je m'accorde un écart hebdomadaire. Un seul. Mais é-nor-me ! Avec les potes, c'est mieux. Œufs mayo-cassoulet-saint-honoré.

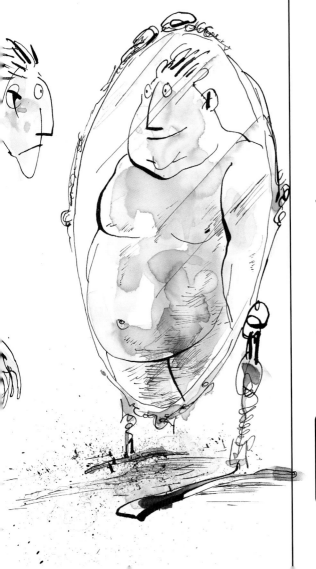

moi et moi

Clope : je reprends pour la troisième fois (j'avais pourtant réussi à m'arrêter trois ans).

Un coup de stress, un coup de bourre, un coup de mou : j'ai craqué. Ouais. Trois ans que j'avais réussi à ne plus y toucher. J'y pensais. Je humais les volutes. J'ouvrais les paquets pour renifler les filtres. Mais je n'avais jamais craqué. Et voilà… Pourquoi cette fois, ce soir-là, après tant d'efforts ? Incapable de le dire. Il était tard et je me suis dit que ce ne serait pas une malheureuse clope qui ferait tout repartir. Je me suis dit aussi que j'étais désormais plus fort que la nicotine. Faux. Les deux fois précédentes, j'avais recommencé après une petite année de sevrage.

Je ne pensais pas replonger. La nuit fut terrible.

Un verre pour oublier cette clope. Une clope de plus (on n'est plus à ça près…) pour accompagner le verre. Et c'était (re)parti. Quatre heures de sommeil. Réveil difficile. J'avais oublié la différence entre la cuite du fumeur et celle du non-fumeur. La première fait très mal. C'est une épreuve physique doublée d'une douleur morale. Satanée reprise. Re-arrêter ? Ben non, je vais recloper quelques semaines ou quelques mois, puis repartir en campagne anti-tabac quand je me sentirai prêt.

moi et moi

No low batt

Positiver l'événement en se disant que trois ans c'est déjà très bien. Que s'être arrêté trois fois est aussi un exploit qui ne demande qu'à être renouvelé. Dire aux moqueurs qui ne connaissent pas la difficulté de s'arrêter que vous vous entraînez à recommencer vu que c'est prévu : à 75 piges, c'est officiel, vous refumerez.

moi et moi

Mon coiffeur m'a raté.

J'aurais dû me méfier : la nana qui m'a lavé les cheveux a commencé par me brûler le crâne avec l'eau, elle a ensuite essayé de m'expliquer que le shampooing doux est beaucoup mieux que le normal.

Le commerce ne connaît aucune frontière, pas même celle des bacs de lavage des coiffeurs. Après mon shampooing classique à un seul lavage expédié brutalement (l'autre doit inclure un massage), elle m'a dirigé vers le fauteuil fatal.

« Suivez-moi, monsieur, je vais vous installer. »

Il était là. La cinquantaine, petite moustache, le cheveu rare, tout de noir vêtu.

« Bonjour.

– Bonjour, alors, on fait quoi ?

– Pas trop court, dégagé derrière, les pattes aussi longues. De l'épaisseur toujours mais moins long, s'il vous plaît. »

Il a dit OK. J'en suis sûr.

Puis j'ai lu, jetant de temps en temps des
coups d'œil rassurés vers le miroir.
Cherchant l'artisan du regard. Trouvant
au départ que la coupe évoluait bien.
M'inquiétant ensuite de ces tempes qui
me paraissaient bien courtes. Cherchant
alors ses yeux pour lui signifier, d'un regard,
mon inquiétude. Mais il tournait autour de
moi, faisant rouler son tabouret de gauche
à droite, parlant avec une cliente qui me
succéderait dans quelques minutes. Le
cliquetis des ciseaux ne s'interrompait que
pour laisser la place à la tondeuse électrique.
Nuque, pattes gauche, droite. Peaufiner la
nuque. Il se pose alors derrière, bras sur les
hanches, et interroge du regard.
C'est beaucoup trop court. Pas ça du tout.
On bout à l'intérieur. Inutile de s'appesantir.
Payer et partir. Aller chez le voisin, le
concurrent et essayer de faire rectifier.
autant que faire se peut, en expliquant ce
que l'on veut. La prochaine fois, vous irez
chez celui-là en premier.

moi et moi

moi et moi

Plus ça va, plus j'aime ce petit pétard le matin avant les cours. Faut que ça change.

La première clope, déjà, est bonne. Allumée dans l'escalier pour ne pas affoler les parents (j'ai arrêté de prendre l'ascenseur le matin depuis que la c… du 5ᵉ m'a dénoncé). Une légère première bouffée, puis une deuxième qui va plus loin, la troisième à me faire péter la cage thoracique.

J'aspire par la bouche pendant que la fumée sort par le nez. Trop bon.

La nicotine est au cerveau.

Seule, elle me fait déjà planer.

Escalier droit descendu en zigzag.

Mais pas assez.

Pour tenir la matinée, il faudra plus.

Un p'tit pét', donc.

Le préparer dans le bus pour le fumer en communauté, planqué à proximité du lycée.

Deux mois que cela dure.

J'ai commencé à la rentrée.

Et jamais arrêté. Pas pu.

Ce p'tit pét' matinal me rappelait les vacances.

En août, je fumais le dernier vers sept heures et demies du mat', avant d'aller me coucher.

La rentrée est passée par là.

Même heure.

Souvenir… Un moyen d'oublier les cours…

Je vais faire exprès d'arriver plus tard pour
ne pas être tenté et surtout arrêter une
bonne fois pour toutes de toucher à cette
merde. Le prof de biologie nous a expliqué
le formidable boulot du shit sur le cerveau.
Faut vraiment être con.

moi et moi

moi
et l'argent

Je suis jaloux de mes potes : ils ont plus de fric que moi.

Il va bien falloir que je finisse par leur dire. À force de toujours trouver de bonnes raisons pour refuser leurs plans, mes chers amis vont finir par penser que je ne suis justement plus leur si bon ami. Qu'y puis-je ? Un resto par week-end, passe. Puis verre dans un bar et boîte, normal. On rigole. Je fais le pitre. Suis à l'aise avec cette bande qui me le rend bien. Ils voient parfaitement que les dégâts causés par trois verres, chez moi, ne se situent pas que côté alcool. Il y a aussi les agios. Un verre, ça va, trois verres, bonjour les taux. Donc, molo. Ils le sentent. Je n'ai jamais tardé à mettre la main à la poche. Mais je préfère me passer de leur présence, plutôt que donner l'impression de ne pas pouvoir suivre.

moi et l'argent

No low batt

– Désolé les gars, pas possible ce
week-end, j'emmène ma poule à la mer.
– Resto, ce soir ? – Non, non, peux pas,
dîner de famille obligatoire. Un oncle
qui débarque. Je vous rejoins au dessert.
– Non, non, pas de boîte, ce soir. J'suis
crevé et j'ai foot demain. Je rêve au jour où
j'ajouterai : et toi, tu fais quoi ? Cherchant à
générer quelques regrets chez l'autre.
Chassons ces mauvaises pensées et
organisons une grande soirée à la maison.
Le cadre ne trompe pas. L'heure de vérité
sonnera alors. Vrais amis ou pas. On verra.

moi et l'argent

moi et l'argent

Si j'avais 1 000 €
de plus par mois…

J'emprunterais pour m'acheter un appart'.
À moins que je ne commence par m'offrir
la dernière Mini Cabrio en leasing sur six ans.
Bon, évidemment, il y a cette dette familiale.
2 000 €. Les deux premiers mois sont bouffés.
Sauf à négocier quelques mensualités sur un
an. Ils ne sont pas à ça près…
Non. Je fais appart' + voiture. On n'a
qu'une vie.
Et puis, tiens, je pars quinze jours au soleil
pour fêter ça.
Je sais, plus d'argent, c'est plus d'impôts.
Je sais, ne pas tout dépenser et mettre de
côté pour voir venir.
Bon, je suis un Américain et je vis comme eux :
à crédit. Cet argent supplémentaire, c'est
davantage de capacité d'emprunt. Davantage

de cartes de crédit. Mon banquier a arrêté de
me faire la gueule. J'ai changé de statut.
Donc, je fais tout : appart' + voiture
+ voyage, et j'ajoute quelques fringues.
Je vais payer des trucs en liquide : ça fait
bien de tirer plein de fric au distributeur et
de donner des billets au lieu d'une carte, les
gens vous regardent différemment. Mais ils
ont de moins en moins de monnaie.
1 000 € de plus, c'est juste un rêve.
1 000 € de moins, c'est déjà très bien.
Examen de conscience. Mise en
perspective de la situation. Introspection.
Se convaincre avec de bonnes pensées
que c'est, ce sera ou ce serait fantastique.
Se dire aussi, désolé du lieu commun, que
l'argent ne fait pas le bonheur.

moi et l'argent

moi et l'argent

Pas de fric pour aller en boîte…

J'ai failli y arriver. J'ai raté. Entrer, encore, n'est pas trop dur. Ils ne font plus payer l'entrée. C'est ringard, paraît-il. Il faut aller au bar, commander, et là, payer. Ou s'asseoir quelque part et attendre que le serveur vienne prendre la commande. Je l'évite, celui-là. Oui. La conso est obligatoire par ici. Il y a des moyens pour contourner cette règle. Bouger en permanence, ne jamais rester à la même place. Danser. Piquer un verre vide sur une table. Le remplir d'eau, faire semblant. Dire à celui qui vous demande ce que vous buvez que l'autre, son collègue, a déjà pris la commande. Se faire inviter. S'approcher d'un groupe bruyant et essayer de s'incruster. Rigoler. Paraître léger. Mais serveur est un métier. L'étau finit toujours par se resserrer. Alors, quittez les lieux en remerciant ceux qui vous accompagnent de vous permettre de rejoindre votre lit tôt. Ils saluent votre sérieux, votre indépendance. Vous envient peut-être. Certains partent avec vous. La boîte a perdu plusieurs clients. Votre honneur est sauf.

…Ni pour partir en vacances.

L'objectif est de :
– conserver ses amis malgré d'évidentes différences de moyens ;
– ne perdre la face ni devant les mecs, ni devant les filles du groupe ;
– ne rien cacher de sa situation (pas de fric, pas de vacances), tout en s'efforçant de la packager de la plus belle manière (« beaucoup de boulot, préfère partir plus tard, j'essaie de vous rejoindre, zut, plus de places d'avion »). De la communication de crise appliquée aux amis, en quelque sorte. Le marketing amical est un mal nécessaire pour tisser, renforcer, conserver des liens forts.

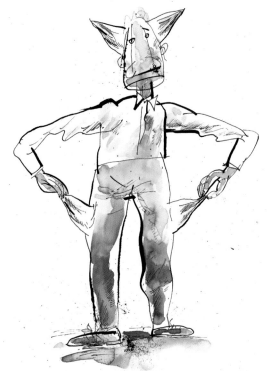

moi et l'argent

moi et l'argent

C'est ma nana qui m'entretient (elle vient de payer le ciné, puis le resto).

Elle a dégainé sa carte bien plus vite que moi. Il faut dire que je ne me suis pas pressé. On ne s'est rien dit. Comme si c'était naturel. Elle avait envie de cette soirée au cinéma. Je n'étais pas chaud. Je ne suis pas motivé par grand-chose en ce moment. Raison ? Pas d'argent. Le nerf de la guerre fait défaut. Alors, elle prend le relais. Discrètement. C'est une vraie preuve d'amour, je pense. Mais il ne faudrait pas que cela devienne une arme. Un élément qui fasse pencher la balance. On m'a dit que l'amour entre deux êtres, c'est un équilibre permanent qui va et qui vient. Il y a toujours un dominé, paraît-il. Je n'ai pas envie de subir. Je ne veux pas devoir accompagner des choix qui ne me vont pas sous prétexte que je ne suis pas la puissance invitante. Cette situation n'est que passagère. On reviendra à la norme. Un garçon qui invite une fille, c'est

tout de même plus normal. Pour l'heure, je préfère en parler avec elle. Voilà sans doute le meilleur remède à l'humiliation générée par la situation. On peut être sans le sou, amoureux et généreux. Il est en tout cas préférable de s'en convaincre pour traverser ce genre de mini-tempête sans casse.

Ma copine trouve que je ne gagne pas assez bien ma vie.

Le jour où elle dit ça, vous la regardez droit dans les yeux et lui rétorquez qu'elle insulte votre travail, votre façon de vous conduire et votre propre personne. Voire votre patron. Sauf à être le dernier des branleurs, le premier des profiteurs et/ou le nigaud le plus accompli (ceci expliquerait alors cela), vous ne pouvez pas l'accepter.

moi et l'argent

On m'a braqué mon scoot'.

Il était neuf. Deux jours. Tout beau. Il n'est plus. Disparu. Pschitt… Les flics prennent la déclaration de vol avec condescendance. C'est le dixième de la semaine. On ne le retrouvera sans doute pas. Ils répondent à mes questions de béotien. Délai de remboursement de l'assurance. Décote. Type d'antivol à utiliser la prochaine fois. Marque de scooter la plus volée.

moi et l'argent

En attendant, la demi-heure de trajet quotidien aller-retour pour aller bosser va tripler, au mieux. C'est arrivé à un pote qui s'est mis en arrêt maladie le temps de retrouver un engin, pour éviter cette galère quotidienne. C'est une autre forme de vol. Chacun la sienne.

Positivons : depuis que les métros, bus et autres trains de banlieue sont alimentés en quotidiens gratuits, les trajets raccourcissent. Ma petite culture personnelle ne s'en portera que mieux.

moi et l'argent

Mon banquier ne veut pas que je prenne un troisième prêt étudiant.

La solution quand on n'a pas d'argent et pas de revenus, c'est d'en emprunter sur la foi de l'avenir. Les banques ont trouvé le filon depuis longtemps avec les étudiants. On vous prête à l'aune de votre âge et de votre cursus. J'en suis au deuxième emprunt, c'est vous dire si mon banquier estime à la fois ma personne et ma future trajectoire professionnelle. Malheureusement, tout ne se déroule pas exactement comme je l'avais prévu.

moi et l'argent

L'argent que l'on vous prête peut avoir des effets pervers. Il donne l'illusion que l'on a le temps. J'en ai pris. Ma banque pariait sur moi à long terme. J'ai eu tort. Il est un moment où votre cursus ne suffit plus. Où seul le court terme compte. Ce fameux moment intervient lorsque les intérêts du premier emprunt (contracté il y a plusieurs années, oublié !) commencent à devoir être remboursés. Là, le banquier ne voit plus très loin. Sa vue se brouille d'un coup. Il observe que, dans l'immédiat, vous n'êtes pas capable d'honorer les mensualités. Il constate que, certes, votre cursus permet d'envisager un brillant avenir, mais que le futur immédiat lui interdit de vous prêter cet argent. Argent dont vous avez absolument besoin pour payer la fin de vos études. Un étau.

Solution ? Se dépêcher d'aller voir ses concurrents. Lui faire comprendre qu'il perd gros. Se mettre au boulot. Job étudiant pour vite sortir de cette ornière. Le prochain prêt sera pour une voiture ou un appartement. Quelque chose de matériel. Toujours sortir par le haut.

moi et l'argent

moi et l'argent

Mes parents m'ont coupé les vivres : je vais où, moi ?

Le sac était posé devant ma chambre, elle-même fermée à clé. Père et mère dans le salon.

Elle, les yeux rougis. Lui, le regard noir. Devinez qui a décidé ?

« Pour le bien de ta mère, du calme à la maison, bla bla bla, c'est mieux que nous nous séparions. »

Je suis dehors. Pas de nana en ce moment. Donc, aller chez un pote.

Ou à l'hôtel.

Va pour l'hôtel cette nuit.

Objectif : être seul et réfléchir. Pourquoi ? Comment en est-on arrivé là ? Des parents peuvent-ils lâcher ainsi leur fils ?

Oui, je rentre tard, je pioche dans le frigo, je fume dans ma chambre, j'engueule ma mère si mes affaires sont mal repassées, je ne suis pas d'accord avec les idées politiques de mon père et le lui dis,

j'impose mes choix de programmes à
la télé, je picole leur vin, mais je
participe : je leur paie un mini-loyer. Je leur
ai acheté une voiture. Mais j'ai préféré leur
compagnie à celle de ma dernière copine
qui voulait que l'on s'installe ensemble.
Elle allait trop vite. J'ai rompu.
Dans le registre « les vieux qui
exagèrent », ils sont pas mal ! Injustice.
Incompréhension. Mais réconciliation
obligatoire. Envoyer des fleurs, leur payer
un voyage à deux pour qu'ils prennent
l'air. Il y a mille façons de faire. Les plus
malheureux, ce sont eux. Et quand ils ne
seront plus là, qui n'aura plus que les yeux
pour pleurer ? Alors, essayons de positiver
les défauts des uns et des autres. Entre
grandes personnes, c'est possible, non ?

moi et l'argent

moi et l'argent

J'ai emprunté du fric, je ne sais pas comment le rembourser.

Ce sera possible le mois prochain, ou la semaine d'après, ou demain. De rendez-vous annulés via SMS cinq minutes avant (« Ktastrof au boulot. Jannule. Te rap. Dsolé. ») en chèques pas signés, rejetés, de virements qui n'arrivent pas en banques « qui ne font pas leur boulot », de « pas de chance », les distributeurs de billets sont tous vides en « j'avais le fric mais une facture imprévue

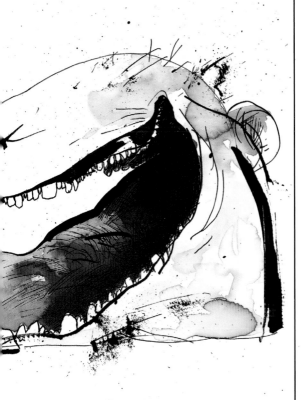

moi et l'argent

est arrivée. Désolé, j'avais pas le choix »…
le créancier finit par se lasser. Le débiteur
aussi. Il faut le savoir et en tenir compte.
L'imagination a ses limites. Elle engendre
une grande fatigue et beaucoup de
désarroi. Tout comme la mauvaise foi.
Solution ? Comme disent les gens qui
travaillent dans les métiers de service
« client prévenu, client détendu ». Là, c'est
bien de faire pareil et d'essayer de respecter
ce que l'on a dit. S'y tenir.
Faire ce que l'on dit quand on n'en a pas
l'habitude procure un plaisir pas imaginable
avant. Essayer, c'est changer.

moi et les femmes

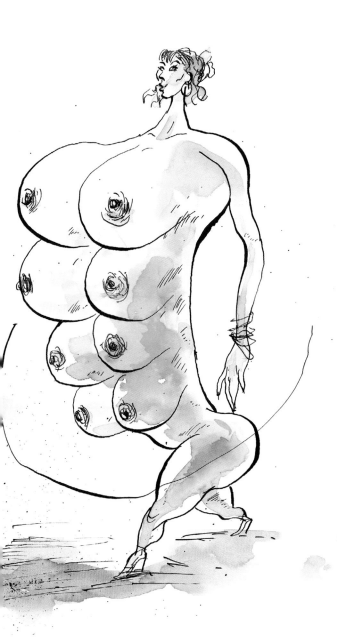

moi et les femmes

Furieuse envie de tromper ma femme (ma copine).

Photo de la situation : elle est là, prête à être cueillie. Je suis tiraillé. Aurai-je des remords de l'avoir fait ? ou des regrets de ne pas l'avoir tenté ? Une idée pareille ne peut pas être subite. Voilà ce qui m'ennuie le plus. Peut-on avoir envie de quelqu'un comme ça, d'un moment à l'autre ? Une décharge électrique part du cou, descend dans le dos. Questions naïves. On a envie de tromper l'autre ou d'étreindre celle que l'on a en face ?
Qu'est-ce que ça veut dire ? Est-ce la fin d'une histoire ?

Est-ce le quotidien de tous les mecs que d'avoir une furieuse envie de tromper ? Est-ce la manifestation de l'amour qui s'en va ? Je suis un peu paumé, à vrai dire. Je plaide coupable. C'est la première fois qu'un tel phénomène se produit là-haut. Ma décision est de laisser couler cette fois. Si les symptômes persistent, il sera urgent d'agir. En attendant, laissons passer l'orage.

C'est décidé : à partir de demain, plus de mensonges. Je lui dis tout.

Parce que j'en ai marre de me faire avoir. Elle me tend des pièges en permanence. Elle fait mes poches. Elle vérifie tout. Alors, mieux vaut dire la vérité, toute la vérité, rien que la vérité. Avoir des couilles, quoi.

moi et les femmes

Ça fait au moins deux mois que je n'ai pas bien baisé.

Tel le sportif en baisse de régime, je suis un amant en panne de résultats. La technique de jeu n'a pourtant pas changé.
Problème physique ? Psychique ?
Rien ne se passe comme je veux : préliminaires ratés, final bâclé. Honteux. Surtout que ça ne tient pas à la fille. J'en ai essayé au moins quatre depuis deux mois pour être sûr. Puis il a bien fallu se rendre à l'évidence. C'est moi et que moi.
Bon. Comme il n'est pas question d'en parler aux amis, encore moins aux dames que je n'ai pas bien honorées, il reste la solution du corps médical qui pourra sûrement m'indiquer quelque médicament efficace. Me mettre sur une piste.
Me dire s'il faut vivre longtemps avec cela ou pas. Si ça vient du physique, de la tête, ou des deux. Le mieux, aussi, serait peut-être de se fixer quelque temps pour travailler la question avec une partenaire durable et compréhensive ?

Je n'ai pas envie d'elle.

Elle est belle. Grande. Blonde. Désirable. Désirée de beaucoup. Je n'en revenais pas le jour où elle m'est tombée dans les bras. Pourquoi moi ? J'en ai profité au-delà des mots. Je ne suis pas à proprement parler un play-boy. C'est un mannequin en puissance.

moi et les femmes

No low batt

Exigeante, certes. Parfois capricieuse. Souvent de mauvaise humeur. Mais entrer quelque part à son bras, croyez-moi, fait oublier ces écarts. Un nombre d'yeux incalculable la déshabille alors du regard. Jouissif. Elle le sait, elle en joue. Je suis fier. Je la sors, je suis content.

La pénétrer ne me procure en revanche plus aucune sensation. Plus envie de jouer. Besoin de choses vraies. De simplicité. C'est forcément un problème de sentiment. Peut-être devrais-je la tromper pour être sûr ? Et si je l'aime, il sera toujours temps de ne rien dire et de revenir.

Oui, oui, ce n'est pas très *clean*, mais s'agissant d'une histoire qui peut ensuite durer une vie, pas de quartier.

Je la trompe donc pour notre bien. C'est ça. Petit arrangement de conscience. Macho ? Non, responsable.

moi et les femmes

Je n'arrive pas à larguer ma copine.

Trois mois que je retourne la question dans tous les sens. Partir ? Rester ? Changer ? Mais changer quoi ? Mieux vaut partir. OK. Mais il faut le dire. Et là, pardon, prendre son courage à deux mains.

J'ai les boules. Elle va être triste. Perdue. Je compte beaucoup. Trop. Elle m'étouffe sans le vouloir. Sans le savoir. J'ai atteint le point de non-retour. Donc, je pars. Logique. Reste à orchestrer la sortie. Solution ? Préparer le terrain à fond. En parler à celles dont je pense qu'elles l'entoureront correctement après l'annonce : copines, famille, collègues. S'attendre à en prendre plein la gueule, parce que celui qui

moi et les femmes

quitte est toujours le salaud, faire le mort
quelque temps, en profiter pour partir
loin, longtemps si possible, et le tour sera
joué. Établir un plan de bataille et ne pas en
changer. Se faire conseiller sur la méthode,
la manière, et ne pas changer de stratégie
en cours de route. Voilà ce qui compte.
Être déterminé. Je le suis.

Je vais la quitter, il n'y a pas d'autre solution.

La décision est prise. C'était le plus dur.
Il n'y a plus à changer d'avis. J'ai mille fois
imaginé la scène. Je n'ai plus qu'à la réciter
sans trop la regarder ni l'écouter puis partir.
Stop. Pas un mot de plus. Pas d'explication.
Fini. Non, je ne serai pas faible.

moi et les femmes

Elle a raison, je la néglige. Pas assez présent, pas tendre. Je suis un gros con égoïste.

J'ai longtemps pensé qu'elle se plaignait plus que les autres. Que c'était une chieuse. Toujours à demander de l'amour, de l'attention, du temps. Pas que ça à faire, moi ! Alors elle se braquait. Crises. Un homme qui travaille beaucoup ne

moi et les femmes

peut pas être sur tous les fronts. Épouse ou amie, enfants s'il y en a, travail, potes, sport. La décompression est indispensable. Elle se produit le week-end. Elle est chronophage. Engendre des absences parfois longues. Prenez le golf : compter une demi-journée. Plus la bière de l'amitié. Plus le trajet. Et ça, elles nous le font payer. J'en ai eu marre. J'ai gueulé. Assez des bougonnements, des reproches, des larmes, des soirées DVD qui font flipper. Re-larmes. Un torrent. Je l'ai écoutée sans l'interrompre et j'ai compris. La femme est ainsi faite qu'un minimum d'attentions peut produire de grands effets, mais encore faut-il que ce minimum soit là. Il n'y était pas. J'en conviens. Une bonne explication vaut mieux qu'une mauvaise séparation. Mes amis ? Ils ont compris. On se voit moins mais mieux. À la maison.

moi et les femmes

J'ai un jour craqué sur une pute. Honte à moi.

Eh oui, c'est arrivé. À moi comme à des gens très bien. Des jeunes qui n'ont pas besoin de ça. Des amoureux transis. Des pères de famille respectables. Même des curés, paraît-il. On se justifie comme on peut, n'est-ce pas ? Toujours est-il que l'inconcevable s'est produit. Un soir de grande solitude et de grosse envie. Pulsions sexuelles ou curiosité ? Faiblesse ou normalité ? On m'a raconté qu'au début du XXᵉ siècle, les aristos et les bourgeois dépucelaient leurs fils ainsi. Au bordel, en famille ; cela se faisait. OK, de là à parler à la dame, lui demander combien, faire la moue, écouter ses compliments ridicules, supporter ses avances grotesques, négocier un tantinet pour finalement abdiquer, on n'est pas fier.

moi et les femmes

C'est arrivé ainsi. Un moment d'absence. Puis le vide. La honte. Et une certitude qui remet les pendules de la conscience à l'heure : se faire sucer n'est pas tromper. Qu'on se le dise. Ouf.

J'ai explosé ma capote avec une inconnue...

Elle était superbe. J'ai travaillé une bonne partie de la nuit avant d'y arriver. Je la voulais. Je l'ai eue. Fin de nuit sur la plage. Tout allait bien jusqu'à ce que cette capote de malheur cède là où il ne faut pas. Il ne restait que la collerette à la base. Ridicule. Elle a ri. J'étais vert. Pas de raison de s'inquiéter, m'a-t-elle dit. J'ai fait un test. J'attendais la réponse, tranquille et serein. Mais le médecin m'a demandé de passer le voir pour me donner les résultats :
« Il préfère vous rencontrer, m'a indiqué la secrétaire au téléphone.
– Raison, s'il vous plaît ?
– Je ne sais pas, monsieur. »
Ce que je sais, c'est qu'un test HIV positif s'annonce en général de vive voix. Je suis dans la salle d'attente. J'attends. Angoissé. Le voici.
« Suivez-moi, s'il vous plaît. Votre sang est d'un équilibre exceptionnel, à tel point que je voulais vous rencontrer. »
Il a failli prendre mon poing dans la g...
Test obligatoire si la capote pète.
Toujours garder un numéro de téléphone de ses aventures.

moi et les femmes

moi et les femmes

J'aurais pas dû lui proposer de venir s'installer à la maison. C'est une chieuse.

Non, je ne me déchausserai pas en rentrant chez moi. Non, je ne veux pas libérer cette étagère. Ni ranger les assietttes à la place des verres pour mieux caser les tasses. Non, je ne sais pas planter un clou. Et je n'ai pas envie. Désolé, il n'y a pas de théière. Oui, je bois un scotch en rentrant.

No low batt

Un problème ? Dis donc, tu sais où est
passée ma veste beige en coton d'Égypte ?
Pardon ? Tu plaisantes ? Jetée où ? Quand ?
De quel droit ? Je fais tes placards, moi ? Je
les bazarde, tes jupes ridicules, tes bottes
de pute ? Désolé, je m'emporte. Allons
dîner. Pardon. Quoi ? Tu préfères rester
regarder *Sex and the City*, tu déconnes ?
Quoi, ton masque aux pépins de raisin ?
On s'en fout, enlève-le, viens !
Elle fait la gueule. Je culpabilise. J'ai été un
peu loin. Mais c'est la goutte d'eau en trop.
Agir pour s'en sortir. Si la coupe est pleine,
il faut bouger. J'ai dîné, ce soir-là, en
compagnie d'un bon bourgogne (rouge),
décidé entre le premier et le deuxième
verre que cette chieuse ne resterait pas
dans mon appart'. On devrait toujours
embarquer sur un bateau avec les filles
avant de les laisser débarquer chez soi.

moi et les femmes

Week-end de potes en vue. Vente difficile.

Ils y vont tous. Tous sauf peut-être moi.
Elle ne veut pas. Elle fait la gueule. Je ne sais
pas si c'est la perspective de se retrouver
seule ou celle de me savoir avec les potes
en virée nautique (et sans doute un peu
éthylique, soyons honnête), donc de lui
échapper… Quelle galère !
Si maintenant il faut bâtir des plans sur la
comète pour se libérer deux jours. Pas
possible. On ne peut pas aimer quelqu'un
et se comporter ainsi. Elle me cherche,
c'est sûr. Pas normal de se conduire de la
sorte. Passer en force ne servira à rien.
Impasse.
Ne pas agir dans la précipitation. Confirmer
le séjour avec les amis. La bande finira bien
par lui apprendre la nouvelle. En même
temps, faire preuve de maturité.
Dire : voilà, je sais, tu n'en as pas envie,
mais pour telle et telle raison, j'ai décidé
d'y aller. Se tenir à carreau quelque temps.
C'est toujours donnant-donnant, alors
choisir sur la palette des cadeaux qui lui
feraient ou feront plaisir quelque chose qui
marquera bien le coup et foncer.
Et surtout, surtout, profiter à fond
de ce bon moment.
Sinon, ce n'était pas la peine d'y aller.

moi et les femmes

moi et les femmes

Panne sexuelle, ça la fout mal.

On se dit que cela n'arrive qu'aux autres.
On se demande comment c'est possible.
On n'entend jamais personne en parler,
sauf dans les films ou dans les conversations
secrètes de filles. On se croit à l'abri et pouf !
elle vous tombe dessus, la panne sexuelle.
Passons sur les fois où l'on était tellement

moi et les femmes

saoul qu'il était inutile de persévérer. Ces fois-là ne comptent pas. Non, là, tout était bien parti. Pas de fatigue excessive. Un travail d'approche de grande qualité. Des conditions idéales. Et ça ne vient pas. Rien à faire. Comme ci, comme ça, ici, là… rien. Ensuite, tout dépend de la nature de la relation avec la dame.

Première fois : mettre l'accident sur le compte de l'émotion, l'expliquer ainsi. Sincérité et un peu de drôlerie si on en est capable. Espérer que l'anomalie ne se reproduira pas…

Couple récent : *idem.*

Couple confirmé : se dire que votre chérie va forcément se demander si, par hasard, cette panne ne trouverait pas sa cause dans une activité sexuelle trépidante dans les heures qui ont précédé ce (triste) moment. Ne pas faire référence à cette mauvaise pensée mais donner une explication, ou un début, qui ne laisse aucun doute sur cette éventualité. Dans tous les cas, ne pas en faire une affaire d'État.

moi et les femmes

J'aurais pas dû la traiter de grosse c… ce matin.

Mais elle sait bien qu'il ne faut pas m'adresser la parole au p'tit déj !
Roses rouges en grande quantité et en urgence. À livrer dès que possible. Sauf à vouloir s'installer dans la crise. Dans ce cas, confirmer les propos par SMS puis par mail. Et attendre avant d'en remettre une couche en variant les adjectifs. Résultat assuré.

moi et les femmes

Je viens de lui dire que je m'en vais. J'ai les boules.

Si cette annonce était préméditée,
espérons que vous avez convoqué les amis
intimes à un dîner dans la foulée.
Si ce n'est pas le cas, appelez la personne
en laquelle vous avez le plus confiance
et parlez. Si vous êtes seul chez vous,
n'ouvrez pas le gaz. Ne la rappelez pas.
Sortez dîner et buvez une bonne bouteille.

moi et les femmes

moi et les femmes

Mon meilleur pote s'est tapé la fille que je reluquais.

Deux attitudes nécessaires.
Avec lui : ou il le savait et il a besoin
d'une bonne rouste. Et ce n'est pas
franchement un ami. Désolé pour
la déception. Ou il ne le savait pas
et il n'est pas forcément utile de le
lui dire. C'est qu'il a été plus rapide,
plus efficace, plus déterminé.
Une bonne leçon pour la prochaine.
Avec elle : se dire qu'elle ne vous
méritait pas. Un peu d'autosatisfaction
ne fait jamais de mal.

J'en ai marre de boire et de finir la nuit avec des filles que je ne regarderais pas à jeun.

Quelle différence y a-t-il entre une
très jolie fille dans mon lit le matin
et un thon ? Sept gins tonic.
Le seul moyen pour enrayer
ce cercle vicieux : boire moins
ou mieux supporter l'alcool.
Et transformer le tout en cercle délicieux.

moi et les femmes

moi et ma famille

moi et ma famille

Je ne m'occupe pas de mes enfants.

Je les aime. Ils sont toute ma vie. Mais je suis incapable de m'en occuper. C'est nul, non ? Je ne suis pas là. Obligations diverses. Je sais les embrasser, les faire rire, les gâter, mais pas m'occuper d'eux. C'est un job. On ne me l'a pas appris. J'en souffre sans trop essayer de changer quoi que ce soit. Je pense que je saurai leur parler quand ils seront plus grands. Ados, c'est plus facile, non ? Paraît que non. Aïe. Je vois bien qu'ils en souffrent. Ils sentent l'anomalie. Je sens que mon autorité glisse, s'évapore. Pente descendante. Que faire ?
Y trouver du plaisir. En prendre, aussi. Se convaincre qu'ils le rendront au centuple, naturellement. Et pour cela, ne regarder que leurs yeux, capter leur regard. Baromètre absolu. Agir.

Ses enfants m'emmerdent.

Au dicton : « Petits enfants, petits problèmes ; grands enfants, grands problèmes », j'ajoute : « Enfants des autres, doublez la dose de patience. » Au départ, tout est rose. On va les aimer comme les siens. Puis ils grandissent, naturellement. Prennent plus de place. Revendiquent ceci et cela. Répondent à tout. S'émancipent. Cherchent leur place. Là est la difficulté. Cette place, cette distance difficiles à trouver « en temps normal » le sont encore plus en configuration de famille recomposée. Les procurations n'ont jamais eu l'efficacité du direct. Faire plus que jamais preuve de patience et d'écoute.
Être solidaire de l'autre qui, forcément, culpabilise. L'union, dans ce cas, fait plus que jamais la force.

moi et ma famille

Je n'ai pas très envie de lui présenter ma famille.

Je me suis laissé faire jusqu'à présent.
Tant que cela ne concernait que moi, va !
Mais là, on change de registre. On passe
à la vitesse supérieure. Ou du moins, on
aimerait. « Tu pourrais m'inviter à déjeuner
chez toi un de ces jours, non ? Je sais que le

moi et ma famille

mec de ta sœur est venu. » (Ça, je ne peux pas le nier.) J'ai une pression folle. Prendre position. J'ai demandé à mon meilleur ami de lui raconter à quel point mon père est insupportable, ma mère invivable avec les petites amies de son fils. Rien n'y fait. Elle s'entête. Souci. Je n'ai aucune envie de la faire venir chez moi. Elle ne plairait pas à mes parents. Pas le genre. Et je ne suis pas sûr de moi sur ce coup-là.

Jouer la montre est sans doute le meilleur moyen de ne pas arriver à sès fins. S'il faut être brutal, on ira au clash. La rupture. Elle partira d'elle-même. J'économiserai une explication. Elle n'était pas faite pour moi. La prochaine fois, je prendrai les choses (mon destin) en main.

moi et ma famille

moi et ma famille

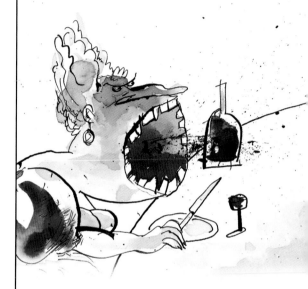

Mes parents divorcent. J'ai les boules.

Les petits enfants souffrent beaucoup du divorce de leurs parents. Quoi de plus normal ? Ils se disent, paraît-il, qu'ils sont la cause de la séparation. Ils doutent de l'amour de leurs parents. Leur rôle à eux, outre le réconfort, l'explication, l'assurance de leur immense et indéfectible amour, consiste à les déculpabiliser. Non, tu n'y es pour rien, petite chose. Comment un être si délicat, fragile, pourrait d'ailleurs y être pour quoi que ce soit ? On se le demande. Lui aussi.

Plus grand, les données du problème changent. On peut se parler plus facilement, plus ouvertement. Le père et la mère peuvent essayer d'expliquer avec des mots, échanger. Il est néanmoins des plaies qui ont du mal à se refermer. Le divorce pour un ado ou un jeune adulte reste une épreuve. Se dire que chacun des parents vivra désormais mieux constitue une maigre consolation. Le consentement mutuel n'existe quasiment pas en matière de sentiments. Il y a toujours un perdant. Il importe de le soutenir. Et endurer la douleur de la séparation. Merci encore. Prière de se réfugier dans l'amitié.

moi et ma famille

Mon père a fait cinq cents kilomètres juste pour me foutre une beigne.

On a sonné à la porte. J'ai ouvert sans me méfier. La poignée dans la main gauche. Main droite en avant, genre accueillant. Sa silhouette prenait tout l'encadrement. J'ai d'abord reconnu son odeur, puis sa voix. « C'est moi. » « J'avais remarqué. » Et blam ! La main droite est partie d'un coup. Elle s'est logiquement écrasée sur ma joue gauche (c'était donc un coup droit). Stupéfaction. Indignation (à mon âge !). Puis il m'a traité de petit con. Son calme apparent contrastait avec la violence de la baffe. La joue chauffait. Sans doute même qu'elle enflait déjà.

Et il est reparti. Il a fait cinq cents bornes rien que pour me claquer !

Qu'ai-je bien pu faire (ou ne pas faire !) pour mériter cela ? Plein de choses.

J'ai de la peine. Pas de rage. Quand un mec, fût-il votre père, prend la peine de faire le déplacement pour une baffe, c'est qu'il est particulièrement énervé, sans doute blessé, certainement perdu : il ne sait pas comment gérer la situation.

Le mieux est de se demander comment recoller les morceaux.

C'est une rouste psychologique.

Ma mère ne veut pas m'offrir ce jean Diesel.

Je sais, c'est beaucoup plus cher.
Mais tellement mieux.
C'est simple, je préfère ne pas avoir de jean plutôt que de devoir porter n'importe quelle autre marque. Ils en ont tous. Les garçons comme les filles.
Alors j'en veux un ou je n'aurai rien.
Je mets tout dessus : cadeaux de Noël, anniv', argent de poche du trimestre mais, par pitié, rien d'autre. On rigole de ceux qui portent autre chose. Je ne veux pas être marginalisé. S'il te plaît.

moi et ma famille

moi et tous les autres

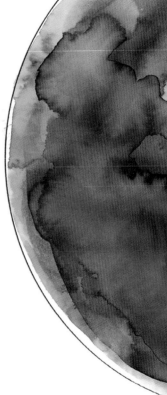

moi et tous les autres

Je suis seul au monde et personne ne m'aime.

Mon portable n'a pas sonné de la journée.
Pas un mail. Pas un SMS. Personne ne
m'attend nulle part.
J'ai l'habitude.
Mais le supporte de moins en moins bien.
Rentrer le soir dans un appartement vide.
Calme. Sinistre. Acheter des yaourts par
quatre et pas plus.
Des steaks à l'unité. Des demi-baguettes.
Des demi-litres de lait. Tout à moitié sauf
le vin, finalement. Payer des suppléments
« chambre single » en vacances de peur

de tomber sur un voisin inconvenant, encombrant, voire entreprenant.
Mais ne jamais profiter des réduc' liées à ma situation familiale. (Ne suis-je pas une non-famille ?) Porter une fausse alliance sous prétexte que les cœurs déjà pris sont les plus courus. Sans jamais réussir à accrocher le moindre cœur.
Y a un problème.
Je suis seul. Et si je ne change pas quelque chose, ça finira mal (sanglots). Il y a un truc qui s'appelle speed-je-sais-pas-quoi, fait semble-t-il pour les âmes en peine.
À essayer d'urgence. Il faut absolument que je me bouge.

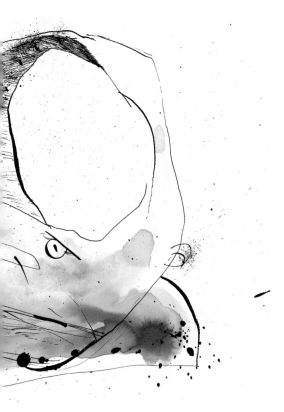

moi et tous les autres

moi et tous les autres

Mon psy ne sert à rien mais je n'ose pas le lui dire.

J'ai calculé : ça fait quasiment 2 000 € sur l'année. Un bon petit budget. Sauf que je ne sais pas pourquoi je continue à le dépenser. L'habitude, peut-être. J'y vais consciencieusement chaque semaine à heure fixe. Le rituel ne change jamais. Patienter quelques minutes en salle d'attente. Percevoir des bribes de discussion. Entendre une porte s'ouvrir. Puis une autre. La seconde se refermer. Celle de la salle d'attente s'ouvrir à son tour. C'est à moi. Allons-y. Il ferme après mon passage. Au début, nous étions assis dans des bergères, l'un en face de l'autre.

Puis il m'a installé sur un lit, devant lui. Je
ne le vois pas. Je parle. Je fume beaucoup.
Il écoute, relance de temps en temps.
Rebondit. De longs silences s'immiscent
parfois dans la séance. Rien que de très
normal, disent les initiés. Mais je n'arrive
pas à quantifier les bienfaits de ces séances.
Raison pour laquelle j'en évalue sans doute
le prix à l'année. Pareille somme, c'est
un grand voyage. De bons moments à
partager. Dont on doit arriver à quantifier
le capital plaisir. Les bienfaits. Là, navré, je
ne sais pas. Je ne dois pas comprendre. Pas
suffisamment faire d'efforts. Je préfère me
retirer sur la pointe des pieds. Réfléchir à
ce qui a été dit. Aux scènes évoquées. J'ai
besoin que l'on me pilote plus directement.
Ou pas du tout. Désolé. Merci.

moi et tous les autres

Mes copains font des trucs sans me prévenir. Ils se foutent de moi. Que des faux-culs.

On tombe parfois de haut, même avec ses amis. On croit qu'il suffit d'entretenir la flamme de l'amitié par quelques coups de fil, des déjeuners, des signes amicaux. On veut se persuader qu'une amitié de jeunesse vaut pour la vie. Plus besoin de jouer. Point de comédie humaine entre nous. Pas ça. On ne crie gare. On s'aperçoit au final que cette relation,

moi et tous les autres

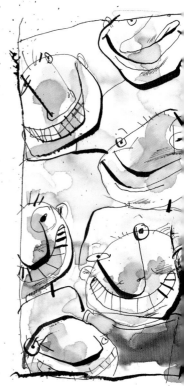

comme les autres, a besoin d'huile, de révision, de pneus neufs, de kilomètres et d'expérience. Sinon, si l'on prend une route parallèle, on s'éloigne, et on connaît le dicton : loin des yeux, loin du cœur. C'est aussi vrai en amitié.

Solution ? Entretenir cette amitié comme on le fait pour l'argenterie, sa voiture ou n'importe quel engin. C'est en effet une mécanique qui ne se suffit pas à elle-même. Il faut du carburant : les projets. Il faut un coffre qui se remplit peu à peu : celui des souvenirs. Pour cimenter le tout. Et attention aux amours qui viendraient perturber les amitiés. Être vigilant sur ce point.

moi et tous les autres

Et voilà, j'ai encore dit oui alors que je pensais non.

Mais je ne sais pas dire non. À rien. À personne. Je ne suis vraiment qu'une merde !

Quand on se retrouve à pied un week-end sous la pluie parce que l'on a prêté sa voiture à son meilleur pote qui en avait absolument besoin pour faire des courses, que l'on ne peut pas tout de suite rentrer chez soi parce que son frère avait absolument besoin de pouvoir rester seul quelques heures dans son appartement (« Sois cool, juste l'après'm. »), que l'on ne peut pas non plus aller se réfugier chez sa copine parce qu'elle doit absolument organiser une vente de dessous pour une grande amie passagèrement dans la nasse, que l'on n'a pas un sou en poche et plus la possibilité d'en retirer au distributeur parce que l'on a dépanné un autre très bon camarade qui avait absolument et urgemment besoin d'une forte somme en liquide…

moi et tous les autres

No low batt

Quand on chope une pneumonie
doublée d'une angine parce qu'on a,
du coup, passé l'après-midi dehors,
filé en plus son écharpe au gosse
de cette femme qui faisait la manche,
que l'on croise à ce moment précis une
vieille copine à la coiffure inhabituelle
(perruque ? pas perruque ?), qui vous
explique que son mari vient de la quitter,
que l'on comprend à demi mots (mais
50 % suffisent…) qu'elle sort d'un cancer
ou un truc comme ça… Quand on réalise
ça, on se dit que l'on peut aussi filer son
pantalon à un pauvre gars dans la rue, ses
pompes à ce SDF là, assis contre le mur,
son pull à cet autre-là. Et que la prochaine
fois, on prendra une carte American
Express pour pouvoir retirer plus de billets.
On positive. La vraie gentillesse ne nuit
jamais vraiment. Et la faiblesse peut devenir
une arme. Bé oui !

moi et tous les autres